colección lector.es
LECTURAS GRADUADAS

Incomprensión

EULÀLIA SOLÉ

Ejercicios didácticos
Silvia López

colección lector.es
LECTURAS GRADUADAS

Primera edición, 2009

Produce:
 SGEL – Educación
 Avda. Valdelaparra, 29
 28108 Alcobendas (MADRID)

© **Del texto:**
 Eulàlia Solé
© **De las actividades:**
 Silvia López
© **De la presente edición:**
 Sociedad General Española de Librería, S. A., 2009
 Avda. Valdelaparra, 29 - 28108 Alcobendas (Madrid)

Diseño de colección y maquetación:
 Alexandre Lourdel
Ilustraciones:
 Joaquín Marín

ISBN: 978-84-9778-500-6
Depósito legal: M. 26.788-2009
 Printed in Spain – Impreso en España

Imprime: Closas-Orcoyen, S. L.

Incomprensión es una novela didáctica destinada a todos aquellos estudiantes adultos de español a los que les gusta leer y ya han llegado al nivel B2.

Este libro nace de la voluntad de unir dos experiencias, distintas y a la vez relacionadas. Por un lado, la de la creación literaria de Eulàlia Solé, y por otro, la de la enseñanza del español para extranjeros de Silvia López. Esperamos con ello contribuir a que los estudiantes de español puedan disfrutar de la lectura y al mismo tiempo, consolidar y ampliar sus conocimientos en la lengua española.

Incomprensión nos presenta a unos amantes con caracteres y conceptos de la vida casi opuestos. La atracción sexual que ambos experimentan entre sí no se corresponde con las aspiraciones sentimentales de cada cual. Elisa, emocionalmente insatisfecha, escribe una especie de diario que en realidad va dirigido a su amante, Alberto, con el íntimo deseo de que él reaccione con una mayor sensibilidad. No obstante, la incomprensión les persigue sin remedio.

A continuación de cada capítulo de la historia hay una selección de actividades que comprenden los contenidos temáticos que aporta la lectura y una ampliación. Tanto en la novela como en las actividades se contemplan criterios de selección gramatical y léxica para el nivel B2 que ayudarán al estudiante en su adquisición lingüística.

Incomprensión incluye en soporte informático la audición de la novela y cuatro capítulos de actividades variadas enfocadas a la comprensión exhaustiva del texto literario, tanto en sus aspectos léxicos como de interpretación. Los ejercicios de cada capítulo están diseñados en tres bloques: *Así lo dice el texto*, *Así lo sugiere el texto*, y *Más datos sobre la historia*. Al final de los tres bloques se proponen algunos temas de escritura y conversación relacionados con los contenidos de la lectura. El lector podrá contrastar sus respuestas en el apartado *Soluciones a los ejercicios*.

Incomprensión puede ser utilizada también por el profesor de español en sus clases, para presentar en el aula temas cotidianos y culturales del ámbito hispano.

Eulàlia Solé es socióloga y escritora. Ha publicado la novela *El adiós de Ana* (2003) y el libro de relatos *Quatre fets singulars* (2008). Otros libros suyos son: *SEAT 1950-1993* (1994), *El peso de la droga* (1996), *SEAT 600, un coche de leyenda* (2001), *Qué es el Comercio Justo* (2003) y *Con y contra Suárez* (2009). Escribe artículos de opinión en los diarios *La Vanguardia* y *Avui*.

Silvia López Ripoll es filóloga y máster en Formación de Profesores de Español como Lengua Extranjera (ELE). Ejerce como profesora de español para extranjeros en el Departamento de Estudios Hispánicos de la Universitat de Barcelona desde 1993 y es coautora de los manuales de español *Con textos 1* (2005), *Y, ahora, la gramática 3* (2009), *El día a día en español* (2009), publicados en Edicions de la UB; y *Destino Erasmus 1* (2009), SGEL-Edicions de la UB.

CAPÍTULO PRIMERO

◀1   Un día de un mes de abril, Elisa decidió escribir un diario. Sin embargo, no era un diario corriente, de esos en que el autor o la autora fijan diariamente sobre el papel los acontecimientos que consideran importantes. Lo que comenzó a hacer Elisa se parecía a unas memorias, puesto que los hechos que narraba, aunque fueran recientes, habían sucedido con anterioridad. Pero no sólo por tal motivo su diario ha de considerarse especial, sino porque en realidad no lo escribía solamente para ella misma, como suele ocurrir, sino que estaba dirigido a otra persona. Su intención era hacerlo llegar a un hombre, a Alberto. Únicamente este deseo le movía a recopilar en unas cuantas páginas lo que ambos habían vivido juntos.

Elisa comenzó su relato con la siguiente frase: «Este es un diario de hechos, no de sentimientos». Ahora bien, juzgad vosotros mismos.

3 y 4 de febrero

El sábado por la tarde paseamos por el barrio gótico de Barcelona. Era un día de invierno frío y húmedo. Entramos en una sala de exposiciones y nos hallamos frente a unos cuadros al óleo que, extrañamente, eran tan lisos como una fotografía. Grises, fantasiosos, con mujeres y frutas. Y en otra galería, la Parés, nos echamos a reír ante tantas pinturas extravagantes que no nos motivaban lo más mínimo.

Luego nos metimos en aquella tienda de papeles, cajas, vasijas y cachivaches[1] varios, de cosas antiguas y modernas que a mí me parecían encantadoras pero que a ti te desagradaban. Decías que todo en conjunto desprendía un insoportable sabor a rancio, a viejo. Pero fue precisamente allí donde descubrimos este cuaderno en el que estoy escribiendo. Lleva mi nombre impreso en cada página, y las hojas son de colores vivos y variados. Lo compraste para mí, y me hizo ilusión, aunque no sabía qué podría hacer con él. Ignoraba que al poco tiempo me serviría para escribir este diario.

Andando por la Rambla, entre los puestos de flores y de pájaros, entre paseantes autóctonos y forasteros, iniciamos una conversación sobre la homosexualidad. Nos habíamos cruzado con una pareja de muchachos que iban cariñosamente cogidos de la mano, y a ti eso te molestó.

—Este par de chicos tendrían que quedarse en su casa, como todos los enfermos —dijiste.

Y a mí fue eso lo que me molestó, tu actitud.

—No son enfermos. Sólo tienen una sexualidad distinta.

—Sí, claro, tú siempre vas de progresista.

En cambio, tú eras muy conservador. ¡Qué poco teníamos en común, tú y yo!… Pero lo pasábamos bien juntos. Algunas cosas nos gustaban a ambos. Por ejemplo, el restaurante al que luego fuimos a cenar. Se llamaba «El cafetín», y estaba situado en un

---

[1] *Cachivaches*: objetos de todo tipo cuya utilidad no está muy clara. También se dice «trastos».

callejón del Raval, uno de los distritos más populares de la ciudad. Estaba decorado con muebles antiguos, como sacados de las casas de nuestros abuelos. Alacenas, aparadores con vajilla y cristalería finas, lámparas, candelabros, cuadros clásicos. Le pediste al camarero que pusiera una vela encendida en nuestra mesa, tal como a mí me gustaba. Fue una cena deliciosa, y charlamos a placer. Pero los dos sabíamos que lo mejor estaba por venir, como cada fin de semana.

Cuando llegamos a tu piso nos preparamos una infusión relajante a mi manera, es decir, sumergiendo las bolsas en agua hirviendo de la tetera, no calentando las tazas en el microondas, como tú acostumbrabas a hacer. Me tachabas de maniática, porque tú no apreciabas estos detalles. Pero de hecho eso importaba poco, ya que inmediatamente íbamos a hacer el amor.

Luego, puesto que yo había olvidado coger mi pijama, me prestaste uno tuyo, grande, de algodón. A lo largo de la noche me desperté tres veces. Te oía roncar a intervalos, y yo tenía sueños extraños cada vez que volvía a dormirme. Es triste, pero nunca he conseguido descansar sosegada en la cama de mis amantes.

La siguiente mañana, domingo, la pasamos en el pequeño pueblo donde te estabas acabando de decorar una casa, eso que se llama «segunda residencia». Fuimos a una tienda a elegir colchas y cortinas. Aunque era un día festivo, te atendieron por amistad. Y más tarde nos dirigimos a almorzar a una masía convertida en restaurante. Tomamos un refresco al aire libre, a pleno sol, y en el interior iniciamos una comida que duró... ¡tres horas! A pesar de ser tan dispares, siempre teníamos temas sobre los que charlar. Comimos patatas asadas, alcachofas, cordero, todo a la brasa y acompañado con vino tinto del payés. Y también cabrito empanado, fruta del tiempo, café. Compartimos al cincuenta por ciento tanto la comida como la cuenta, como de costumbre.

Cuando fuimos a tu casa, la calefacción la había hecho acogedora. Sin embargo, también encendiste la chimenea. Te quedaste dormido en el sofá mientras, abrazados, contemplábamos las llamas. Yo iba avivando los leños, entre cortas cabezadas. Ya era bastante tarde cuando subimos al dormitorio. Alcé la persiana, sin encender ninguna lámpara, y la habitación quedó en una penumbra en la que sólo se perfilaban los cuerpos. Encima del colchón recién comprado extendiste una toalla de baño, y entonces me fuiste quitando la ropa poco a poco. Te desnudaste y nos tendimos en la cama.

—Ven, quiero poseerte con intensidad.

Y lo hiciste. Luego, tus caricias me llevaron al paraíso. Y permanecimos quietos, abrazados, una piel contra la otra, en silencio, notándonos, y me pregunté cómo el sexo podía ser tan poderoso.

Cuando empezamos a movernos, nos dimos cuenta de que habíamos hecho el amor a la luz de la luna, la que entraba por la ventana, la que blanqueaba la barandilla de la terraza como una nevada irreal. No veíamos la luna desde el dormitorio, pero la imaginábamos colgada en el firmamento, bañándonos con su claridad.

Me llevaste a casa en coche y nos despedimos apresuradamente, en mitad de la calle. Hasta el siguiente fin de semana.

10 y 11 de febrero

◄2　A media tarde nos encontramos a la salida del metro y nos encaminamos al cercano «Palau de la Música». Tomamos unas copas en el bar mientras esperábamos a nuestros amigos Gloria y Pedro, que llegaron hacia las siete, cuando faltaban pocos minutos para que comenzara el concierto. La *Sinfonía Praga*, de Mozart, y la *Segunda Sinfonía* de Brahms. Un programa armonioso y plácido del que tú no disfrutaste tanto como yo. Te notaba más sensible a las intervenciones del tambor y los platillos que a la dulzura de los instrumentos de cuerda. Pero me sentía bien a tu lado, y de cuando en cuando volvía la cabeza para mirarte. Me gustaba tu aspecto, con el pelo tan rubio y el cuerpo tan delgado.

Eran más de las nueve cuando nos despedimos de nuestros amigos. Tú debías volver a tu casa para cenar con tus hijos. Tenían diez y doce años, respectivamente, y ambos vivían con su madre. Cada quince días pasaban el fin de semana contigo, por lo cual aquella noche tú y yo no íbamos a estar juntos. Reconozco que eso me fastidiaba, y me había buscado una alternativa en forma de cena con unos compañeros de trabajo.

A la tarde siguiente, domingo, fuimos a ver un musical, y a la salida echamos a andar por la Rambla. Llevabas un paquete en la mano, de contenido secreto, y buscabas una cafetería para

entrar, pero ninguna era de tu agrado. Tras muchos pasos fuimos a parar al hotel Ritz —iluminado, majestuoso—, y nos acomodamos en el llamado «Bar del hall», brillante y dorado como en una película de Hollywood. No había nadie más que nosotros, y nos sentíamos un poco perdidos en aquel ambiente tan clásico.

Pedimos unas copas de vino, y con ellas nos trajeron un carrito con una bandeja plateada llena de pasteles. Entonces, por fin, me diste el regalo. Mi cumpleaños era al día siguiente, pero tú no harías ninguna excepción para vernos. Eran dos tazas de té con cuatro platos, dos más grandes que los otros, de delicada porcelana. Te lo agradecí con un beso, antes de probar los dulces.

Luego fui al servicio, y al volver te comenté divertida el lujo con el que me había encontrado. Todo era de color rosa o dorado, con toallas individuales dobladas junto al lavabo, agua de colonia perfumada, dos tocadores clásicos con sendas sillas tapizadas para arreglarse frente a los grandes espejos.

También tú fuiste al aseo, y mientras te esperaba, sentada en un sofá, advertí el silencio que me rodeaba. Tan sólo una música lejana y melancólica atravesaba el aire. Entonces pensé, peligrosamente, que habría sido hermoso estar allí con un hombre que me quisiera. Al que yo también amaría.

Y más tarde tomamos el metro. Cada cual su línea, cada cual hacia su casa.

A continuación aparece una pequeña selección de las actividades que pertenecen a los apartados *Así lo dice el texto, Así lo sugiere el texto, Más datos sobre la historia*, que encontrará en el soporte informático. Le recomendamos hacer todos los ejercicios variados que allí se proponen. También podrá contrastar sus respuestas en el solucionario.

1. Relacionar estas palabras que aparecen en el capítulo con sus definiciones.

1.	cuadros al óleo	a.	Campesino de Cataluña o de las islas Baleares.
2.	galería	b.	Sombra débil, entre la luz y la oscuridad.
3.	cachivaches	c.	Objetos de todo tipo cuya utilidad no está muy clara. También se denominan «trastos».
4.	alacena	d.	Lugar donde se expone una colección de pinturas.
5.	candelabro	e.	Pequeños movimientos que hace la cabeza con los que nos vamos durmiendo sin estar acostados.
6.	roncar	f.	El cielo.
7.	masía	g.	Palabra de origen árabe. Es un armario con puertas dentro de la pared.
8.	payés	h.	Cosas que no son necesarias, normalmente son caras para muchas personas.
9.	cabezada	i.	Pinturas hechas con aceite que se realizan sobre una tela.
10.	penumbra	j.	Objeto que sirve para aguantar las velas. Las velas son cilindros de cera que se usan para dar luz.
11.	firmamento	k.	Hacer ruido fuerte con la respiración cuando se duerme.
12.	lujos	l.	Casa de campo.

2. Preguntas de comprensión lectora.

1. ¿Por qué el diario de Elisa se parece más a unas memorias que a un típico diario?

2. ¿Para quién escribía Elisa su relato? ¿Sabemos por qué?

3. ¿Es Elisa la que refiere directamente la historia al lector?

4. «Este es un diario de hechos, no de sentimientos». ¿Está de acuerdo con esta primera frase de Elisa? ¿Por qué?

5. ¿Cuándo empezó Elisa a escribir su relato? ¿A qué mes refiere el inicio del diario?

6. Elisa y Alberto entraron en una sala de exposiciones. ¿Por qué los cuadros al óleo parecían extraños?

7. ¿Dónde compró Alberto el cuaderno que Elisa utiliza para escribir su relato?

8. ¿Cómo es el cuaderno?

9. Elisa y Alberto parecen muy diferentes. ¿Qué opiniones tienen ambos de los objetos antiguos, la homosexualidad, la preparación de las infusiones…?

10. ¿Qué hizo la pareja el fin de semana del 3 y 4 de febrero?

11. La tarde del 10 de febrero, la pareja fue a escuchar un concierto de música. Según Elisa, ¿qué es lo que más le gustó a Alberto de aquel concierto?

12. ¿Cuándo es el cumpleaños de Elisa?

13. ¿Por qué la noche del 10 de febrero la pareja no podía estar junta?

14. ¿Cree que Elisa y Alberto están enamorados? Justifique la respuesta con elementos del texto.

3. Estas palabras y expresiones son algunas de las que aparecen en el capítulo. Reemplazarlas por las que están subrayadas en las frases, conjugando los verbos cuando sea necesario, como en el ejemplo.

apresuradamente	callejón	~~echarse a reír~~
charlar a placer	meterse	tachar de maniática
sabor a rancio	dispares	

a. Elisa y Alberto empezaron a reírse al ver unas pinturas que les parecían extravagantes. *(se echaron a reír)*

b. Elisa y Alberto entraron en una tienda de objetos de decoración.

c. Alberto opinaba que todos los objetos de la tienda tenían un aspecto antiguo, viejo, pasado de moda.

d. El restaurante al que Elisa y Alberto fueron a cenar estaba situado en un pasaje estrecho.

e. Durante la cena conversaron muy a gusto.

f. Alberto le decía a Elisa que tenía muchas rarezas y extravagancias.

g. Elisa y Alberto siempre tenían temas de conversación, a pesar de ser tan diferentes.

h. Cuando terminó el fin de semana, los amantes se despidieron rápidamente.

4. «Luego nos metimos en aquella tienda». El verbo *meterse* tiene el significado de ´entrar´. En el recuadro siguiente aparecen otros verbos con un significado parecido, aunque no igual. Completar las frases con los verbos del recuadro en el lugar adecuado, conjugándolos cuando sea necesario, como en el ejemplo.

poner/se	meter/se	introducir/se	colocar

1. Elisa, te he estado llamando toda la tarde, ¿dónde <u>te habías metido</u>, que no contestabas?

2. Todos aquellos objetos de la tienda estaban _____ de una manera tan caótica, que era imposible determinar si entre ellos había alguna relación.

3. —Elisa, _____ mi abrigo, que vas a coger frío —dijo Alberto.

4. Aquel febrero hizo tanto frío que Alberto tuvo algún problema para _____ en marcha el coche.

5. Cuando llegó a su casa, quiso _____ la llave en la cerradura, pero no le fue posible abrir.

6. Alberto no quiere que Elisa _____ en la vida privada de sus hijos, por eso no se los ha presentado.

7. En muchas ocasiones, la pareja no conseguía _____ de acuerdo.

5. Elisa y Alberto entraron «en una tienda de papeles, cajas, vasijas y cachivaches varios, de <u>cosas</u> antiguas y modernas». La palabra «cosa» sirve para agrupar muchos objetos que en realidad tienen su término específico.

a) Buscar la palabra exacta para denominar algunas «cosas» que había en aquella tienda, como en el ejemplo.

1. *Cosa* como una caja grande que se utiliza generalmente para guardar ropas. Tiene una tapa y puede ser de madera, de mimbre… UN *BAÚL*

2. *Cosa* para echar la ceniza y las colillas de los cigarrillos.

3. *Cosa* para colgar la ropa o los sombreros.

4. *Cosa* que sirve como decoración, o para poner flores en agua.

5. *Cosas* que están hechas de vinilo y sirven para escuchar música. Aunque todavía quedan, han sido sustituidas por los compactos.

6. *Cosa* para fumar tabaco picado. El humo se aspira por uno de sus extremos.

7. Cosa que sirve para guardar zapatos. Es un mueble.

8. Cosa que sirve para decorar las paredes. Es algo parecido a un cuadro, pero de tela, lana o seda.

9. Cosa que puede servir para sentarse, pero a diferencia de una silla, no tiene respaldo.

b) **Los verbos *tener, haber, decir, hacer* también pueden agrupar significados específicos.** Tratar de buscar otra palabra más exacta para sustituir los verbos en negrita de estas frases, como en el ejemplo.

1. Esa caja **tiene** _contiene_ objetos muy antiguos.

2. Elisa, en su diario quería **decir**le _____ muchas cosas a Alberto.

3. Elisa y Alberto no siempre **han tenido** _____ una relación sincera.

4. En el «Bar del hall» **había** _____ un cuadro impresionista.

5. Elisa **tenía** _____ un collar de brillantes cuando fue al concierto.

6. Entre la casa de Elisa y la casa de Alberto no **hay** _____ una gran distancia.

7. «Sería bonito estar aquí con un hombre a quien quisiera, y quien me quisiera», **dijo** _____ Elisa para sí.

8. El artista no **tuvo** _____ mucho éxito con su exposición.

9. Aquella noche **había** _____ muchas estrellas en el firmamento, y la luna iluminaba la habitación.

10. No ser sincero **tiene** _____ algunos peligros.

6. Elisa y Alberto fueron a una exposición de arte, a un concierto y a un musical. Parece que les gusta asistir a diferentes espectáculos. Leer este texto y completar los huecos con la ayuda que se ofrece.

Un espectáculo es todo aquello que es capaz de atraer nuestra atención y provocarnos alguna emoción. Puede ser el (1)_____, un concierto, los (2)_____, el cine, el teatro, una competición deportiva... Incluso la propia naturaleza puede ofrecer un espectáculo.

Imaginemos ahora esta escena.

Alberto y Elisa han ido al teatro. Son las 22:00 h de una noche cualquiera de sábado en la ciudad. La pareja acaba de entregar las (3)_____ y pasan a una sala; todavía están encendidas las luces. El (4)_____ les indica dónde están sus (5)_____ numeradas y se sientan en la cuarta (6)_____; minutos después, las luces se apagan. De fondo se escucha una música suave y el murmullo de otros (7)_____ que, como ellos, han decidido ver una (8)_____ de teatro. Juego de luces que se encienden y se apagan. La música para y dos (9)_____ iluminan ahora el (10)_____, en el que aparecen dos actores, un hombre y una mujer. El (11)_____ es sencillo: una mesa y dos sillas en el interior de un comedor austero, con pocos adornos. El espectáculo va a comenzar. La actriz, que está sentada en una de las sillas, se levanta y dice la primera frase: «He escrito algo para ti, me gustaría leértelo». En ese momento, Elisa mira a Alberto, y se le ocurre una idea.

1. Actúan los payasos, los domadores de leones, los trapecistas... Les gusta mucho a los niños y también a los mayores.

2. Parecen luces de colores en el cielo. Están hechos con pólvora.

3. Papel que significa que hemos pagado para ver un espectáculo.

4. Persona que, provista de una linterna, nos indica o nos lleva al lugar donde nos sentaremos para ver la representación teatral o la película.

5. Nombre que reciben los asientos en el teatro o en el cine.

6. Cada una de las líneas en las que se sientan las personas que miran un espectáculo.

7. Personas que miran un espectáculo.

8. Otra palabra para decir «representación teatral».

9. Luces grandes que enfocan a los actores.

10. Lugar entarimado en el que actúan los actores.

11. Conjunto de telones, bambalinas y trastos con que se representan lugares en el teatro.

CAPÍTULO SEGUNDO

17 y 18 de febrero

◀3 El sábado por la tarde viniste a buscarme a casa y nos dirigimos al Museo de la Ciencia. Yo había aprovechado la mañana para hacer diversas gestiones bancarias. Cancelé una cuenta, mejoré una pequeña inversión, cosas para las cuales nunca encontraba tiempo, hasta que tú me hiciste valorar en mayor medida tanto el dinero como las acciones prácticas de cada día. A tu modo de ver, yo acostumbraba a estar en la luna.

Ya acomodada en el automóvil a tu lado, dije:

—Alberto, me temo que en el museo voy a hacer el ridículo, porque soy una ignorante en ciencia y en técnica.

—Sí, ya lo sé —te reíste—. Pero no te preocupes, yo te haré de guía.

Como ingeniero con un alto cargo en una empresa importante, te gustaba presumir delante de mí. Así pues, ya en el museo, te luciste dándome explicaciones sobre aparatos ópticos, ondas, geometría, fenómenos eléctricos…

Cuando salimos había anochecido. Estábamos al pie de la montaña del Tibidabo, en las calles había poca luz artificial y el cielo aparecía tan nítido[1] que pudimos distinguir la Osa Mayor

---

[1] *Nítido*: limpio.

entre millares de estrellas. Para cenar te empeñaste en ir a un restaurante afamado que precisamente había pertenecido a una amiga mía. Era una historia triste de desamor y de injusticia, y no me sentí a gusto pese a la calidad del servicio.

—No teníamos que haber venido. Lo de Cintia no tiene perdón.

—A mí me parece que no hay para tanto.

—¡Cómo que no!… Ella puso en marcha este restaurante con su marido y con gran esfuerzo. Ahora, tras el divorcio, y puesto que toda la documentación estaba a nombre de él, se encuentra en la calle. Está sin un marido al que sigue queriendo, dispone de una simple paga mensual y sufre una profunda depresión.

—Bueno, la cosa no tendría que ser tan grave. Tú y yo también estamos solos y no por eso nos hemos muerto de pena.

Esa palabra, solos, me dolió. Sí, estábamos juntos, pero solos. A veces, la verdad hace daño.

En cuanto llegamos a tu casa, comenzamos a hacer el amor en el sofá. A oscuras, con la gran vidriera[2] libre de cortinas y persianas permitiendo que entrara el resplandor que provenía tanto de la noche estrellada como de alejados edificios.

Hacía quince días que no compartíamos el lecho, y cuando nos tendimos sobre las sábanas me confesaste que durante toda la semana me habías estado deseando. Igual que siempre, sólo cuando hacíamos el amor eras capaz de expresar lo que sentías.

---

[2] *Vidriera*: como una gran ventana.

Así supe que el sábado anterior, en el Palau de la Música, cuando estábamos en el bar con nuestros amigos, te sentías tan atraído por mí que en aquel momento me querías únicamente para ti. Incluso llegaste a sentir celos de ellos.

Aquella noche, como todas las otras veces, nos unimos lentamente y con intensidad. Y para el día siguiente habías planeado una pequeña excursión que era una incógnita para mí. De nuevo me senté a tu lado en el coche y me dejé llevar. A los pocos kilómetros te detuviste para reservar mesa en un restaurante, y luego echamos a andar hasta llegar a unas cavas de mediana importancia. El dueño era un hombre joven, amigo tuyo, que nos fue mostrando desde la forma como prensaban la uva hasta el proceso para hacer el vino o el cava. El frío y la humedad me calaban los huesos, sobre todo en las bodegas, que se encontraban en el sótano de aquella masía del siglo xv.

Al regresar andando tuviste que reconocer que casi nunca caminabas, siempre pegado al automóvil. En cambio, yo ni tan siquiera tenía coche, otra cosa de mí que no comprendías, mientras que yo no entendía que cada día jugaras a tenis para luego subirte a tu auto para recorrer unos pocos metros.

El restaurante estaba al completo y había mucho bullicio, pero comimos bien. Cuando salimos nos recibió una tarde suave y soleada. A lo lejos distinguimos una iglesia románica y nos acercamos, pero la encontramos cerrada. Un gran parterre la bordeaba por un lado. La hierba era alta, con flores silvestres, había muchos árboles y unos bancos de madera gastada y despintada. El conjunto producía una melancólica sensación de abandono, pero el sol era amoroso y apenas soplaba el viento. Me aproximé a un retorcido olivo con cuatro brazos que invitaban a sentarse. Lo hice en el más bajo, durante un rato, hasta que regresé a tu lado, en uno de los bancos. Y de pronto empezaste a hablar de hacer un viaje juntos, durante las vacaciones de Semana Santa.

—Me gusta la idea —dije, en tanto nos poníamos en pie.

Yo llevaba en la mano un cactus que había arrancado de una enorme maceta colocada ante la puerta de una mansión, una gran casa con cortinas de ganchillo tras los cristales de las ventanas. Todo el paraje permanecía en silencio, tranquilo. Al llegar al coche pregunté:

—¿Adónde vamos?

—A mi casa del pueblo —determinaste sin dudar.

En cuanto llegamos, nos sentamos en la sala-comedor a la espera de que la calefacción caldeara el ambiente. Entretanto, mirábamos folletos de propaganda de viajes, hasta que subimos al dormitorio para hacer el amor sobre el colchón y la consabida toalla de baño.

—Bueno, ya sabes por qué he querido venir aquí —dijiste, mientras aún me tenías entre tus brazos.

Regresar a Barcelona sólo nos llevó media hora. Nos despedimos con un beso rápido y deseándonos una buena semana.

24 y 25 de febrero

◀4   Por la tarde fuimos al cine y luego, hacia las nueve, nos refugiamos en un bar. Yo estaba decaída, quizás porque mi hija Gema, pese a que sólo contaba diecisiete años, estaba empeñada en irse a vivir con unas amigas. Pronto se iría de casa, como yo misma había hecho siendo tan joven como ella, y no me agradaba la perspectiva de quedarme sola, en especial durante la noche. O quizás mi desaliento se debía a que desde el día anterior me dolía el estómago.

Pese a todo, me había vestido con elegancia a fin de darme ánimos. Llevaba una falda estrecha de color negro y unas medias de seda que destacaban mis piernas. Las cruzaba delante de tus ojos porque sabía que te seducían. Al poco rato nos despedimos en el metro, tú hacia tu piso, porque otra vez tenías que cenar con tus hijos; yo hacia el mío.

Habíamos acordado que pasaríamos la tarde del domingo en mi casa. Cuando llegaste, estuvimos contemplando la terraza desde el interior. Hacía frío, y yo no me sentía con fuerzas para salir afuera. La azalea[3] había estallado como un gran ramo de flores rojas, y el limonero prometía frutos por primera vez.

Nos acomodamos en el sofá y comenzaste a besarme entre caricias. No obstante, antes que nada teníamos que estrenar las tazas que me habías regalado. Fui a la cocina para preparar una tisana. En la tetera mezclé poleo, menta, hierbaluisa y té, con lo cual obtuve una infusión sabrosa, densa.

---

[3] *Azalea*: un tipo de planta que da unas flores de colores vivos.

Continuamos acariciándonos durante mucho rato en el sofá. Después, en mi habitación nos quisimos quizá con más ardor[4] que nunca. Mi cama era estrecha, la mitad de la tuya matrimonial que aún conservabas, pero fue suficiente.

—¡Pero mira que estás buena!…

—Me gusta que me digas eso.

Sé que aquella noche me encontrabas más atractiva que nunca.

—Y a mí me gusta hacerte feliz, porque te lo mereces. Por esta ilusión que siempre tienes, por estas ganas de vivir y de hacer cosas. No cambies nunca.

—No, no creo que pueda cambiar.

Después de un rato de holgazanear y charlar plácidamente nos vestimos. Al pasar cerca del teléfono colgué el auricular. Siempre lo descolgaba cuando hacíamos el amor, para evitar interrupciones. Y en aquel preciso momento llamó Louise, mi amiga francesa. La semana anterior ella había estado cenando en mi casa, junto con su marido, y ahora me invitaba a la inauguración[5] de una exposición de pinturas de Pierre. Después podríamos ir a su casa para tomar algo. Acepté con gusto, y te propuse que me acompañaras. Sería una buena ocasión para conocerlos, pero tú no lo veías con buenos ojos.

---

[4] *Ardor*: pasión, deseo.
[5] *Inauguración*: celebración del inicio, en este caso, de una exposición de pinturas.

—La inauguración es entre semana, se me hará tarde para cenar, y ya sabes que he de madrugar para ir a la fábrica.

Justo entonces llegó Gema, y os conocisteis. Venía polvorienta de haber estado pintando en su nuevo piso, así que de inmediato fue a ducharse. Tú y yo continuamos conversando, aunque sin tocar el tema principal, el del encuentro a media semana.

Cuando te disponías a irte, Gema salía del baño. Os despedisteis, y luego lo hicimos tú y yo, quedando en que el miércoles nos llamaríamos por teléfono para decidir respecto a la exposición de Pierre.

En cuanto te fuiste comprendí que no, que no me acompañarías a la inauguración. Y que bien mirado no era necesario, puesto que entre nosotros, tal como habías dicho en más de una ocasión, sólo había sexo.

A continuación aparece una pequeña selección de las actividades
que pertenecen a los apartados *Así lo dice el texto*, *Así lo sugiere
el texto*, *Más datos sobre la historia*, que encontrará en el soporte
informático. Le recomendamos hacer todos los ejercicios variados que allí
se proponen. También podrá contrastar sus respuestas en el solucionario.

1. Preguntas de comprensión lectora.

Fin de semana del 17 y 18 de febrero.

Señalar con una X si estas afirmaciones son verdaderas (V) o
falsas (F). Si considera que alguna afirmación es falsa, justifique
por qué.

		V	F
a.	Según Alberto, Elisa acostumbraba a *estar en la luna* porque no solía preocuparse por los asuntos económicos ni las acciones prácticas del día a día.		
b.	La tarde del sábado 17 la pareja fue al Museo de la Ciencia. Alberto comprendía mejor que Elisa muchos de los aparatos técnicos que se mostraban, pues era ingeniero.		
c.	El restaurante al que fueron a cenar aquel sábado era poco conocido, aunque muy bueno.		
d.	Cintia es la propietaria del restaurante al que fue a cenar la pareja.		
e.	Después de cenar, la pareja fue a casa de Alberto.		
f.	Al día siguiente, la pareja se quedó en la ciudad.		
g.	Alberto solía sorprender a Elisa con las iniciativas que tenía para pasar el fin de semana. Le gustaba planear los lugares que visitaban.		
h.	Aunque Elisa tiene coche, Alberto siempre coge el suyo.		
i.	El domingo por la tarde la pareja visitó una iglesia cercana al restaurante en el que habían comido. No pudieron entrar en la iglesia porque la puerta estaba cerrada.		
j.	En el jardín que rodeaba la iglesia, Elisa le propuso a Alberto hacer un viaje juntos en Semana Santa.		
k.	El final del domingo lo pasaron en una casa que Alberto tenía en su pueblo. Después regresaron a la ciudad, cada uno a su casa.		

Fin de semana del 24 y 25 de febrero.
Contestar las preguntas de comprensión.

a. ¿Por qué Elisa estaba un poco triste aquel sábado?

b. ¿Por qué aquella noche Alberto y Elisa no podían cenar juntos?

c. ¿Dónde estuvieron el domingo?

d. ¿Quién llamó a Elisa por teléfono para invitarla a la inauguración de una exposición de pinturas?

e. ¿Aceptó Elisa aquella invitación?

f. ¿Iría Alberto a aquella inauguración? ¿Por qué?

g. ¿A quién conoció Alberto aquel domingo? ¿Cómo fue?

2. **Dice Elisa en su diario: «Yo había aprovechado la mañana para hacer diversas gestiones bancarias. Cancelé una cuenta, mejoré una pequeña inversión, cosas para las cuales nunca encontraba tiempo, hasta que tú me hiciste valorar en mayor medida tanto el dinero como las acciones prácticas de cada día».**

a) **¿Qué es lo contrario de…?**

1. gastar _____

2. cancelar una cuenta _____

3. pagar _____

4. ingresar dinero _____

b) **Leer este texto y completarlo con la ayuda de las definiciones.**

Hoy en día los bancos y las (1)_____ gestionan gran parte de nuestro dinero sin que lo veamos materialmente. ¿Quién paga la luz, el gas, el agua, el alquiler o la (2)_____ de la casa, los impuestos u otros gastos mensuales con dinero (3)_____? Para la mayoría de la gente eso es cosa del pasado, cuando no existían ni las cuentas corrientes, ni las transferencias, ni las (4)_____, y cuando la informática no había invadido nuestra vida cotidiana.

A pesar de todo ello, está claro que todavía necesitamos la circulación de monedas o billetes para las compras pequeñas, y que sigue existiendo la economía sumergida, o el (5)_____ que no se declara a (6)_____.

Además de sacar dinero o (7)_____ lo en la cuenta corriente, o de pagar facturas y otros gastos, podemos plantear también, por ejemplo, cómo (8)_____ o invertir mejor nuestro dinero para obtener algún (9)_____ económico (planes de pensiones, planes de jubilación, comprar acciones que coticen en la (10)_____…) En estos casos, nos dejamos aconsejar por los expertos y la intuición.

1. Establecimientos para guardar o ahorrar el dinero de la gente dándole un interés. A diferencia de los bancos, estas tienen que destinar un dinero de su beneficio para la obra social.

2. Es un tipo de crédito, dinero que deja el banco a cambio de pagar intereses; normalmente la gente paga una cuando se compra un piso o una casa.

3. En especie, a diferencia del papel moneda.

4. Dinero de plástico.

5. Es aquel dinero que no consta en ningún documento oficial. También llamado «dinero B».

6. Es el Ministerio que controla nuestros ingresos y nuestros gastos, y nuestras obligaciones con los impuestos.

7. Poner dinero en el banco, lo contrario de «sacar dinero».

8. Guardar el dinero, lo contrario de gastarlo.

9. Ganancia, provecho.

10. Mercado del valor del dinero.

3. **«Gema, pese a que sólo contaba diecisiete años, estaba empeñada en irse a vivir con unas amigas».** Leer este texto, que trata sobre cómo Gema y sus amigas se fueron a vivir a un piso de estudiantes. Completarlo con las palabras del recuadro en el lugar adecuado.

amueblado	protección oficial	gastos
reformas	de segunda mano	céntrico
fianza	carrera	agencia inmobiliaria

Gema quería compartir un piso de estudiantes con sus amigas Luz y Carmen. Se conocían desde la infancia, pues los abuelos paternos de Gema vivían en el pueblo de aquellas chicas y ella siempre había veraneado allí. El pueblo quedaba demasiado lejos de la ciudad y como se habían matriculado en la Universidad para estudiar una (1)_____, tenían que buscar un piso donde alojarse mientras duraran sus estudios. Gema aprovechó esta situación para pedirle a su madre que la dejara ir a vivir con aquellas amigas. Como Elisa también se había marchado de casa de sus padres bastante joven, no le pareció mal y, aunque le costó decidirse, ayudó a su hija.

—De todas formas, no estaremos lejos la una de la otra, ¿verdad? —le puso como condición Elisa.

—Claro que no, ya lo sabes, mamá. Nos veremos todas las semanas—. le prometió Gema.

Las tres chicas habían solicitado uno de esos pisos de (2)_____, un poco más baratos porque están subvencionados por el gobierno, pero no habían tenido suerte, pues la oferta siempre es menor que la demanda. Así que Gema y sus compañeras tuvieron que buscar un piso de alquiler por mediación de una (3)_____.

—¿Cómo es el piso? —preguntó Elisa antes de hacer la primera visita al inmueble.

—Bueno, es (4)_____, en una finca de unos treinta años, pero está bastante bien conservado, sólo tenemos que pintarlo. Tiene tres habitaciones, dos dan a la calle y una es interior. Es un tercero y hay ascensor en la escalera, y lo mejor es que es (5)_____ y está bien comunicado, hay una parada de autobús justo enfrente del edificio.

Cuando Elisa fue a verlo le pareció que aquel piso era demasiado pequeño; debía de tener unos 55 m², aunque bastante bien distribuidos. Había un balcón minúsculo en el que no valía la pena poner ni una maceta, y un cuarto de baño con baldosas que parecían un mosaico. El baño era de origen, pero se notaba que los propietarios habían hecho pequeños arreglos; en cambio la cocina se veía muy antigua, con armarios muy viejos que no cerraban bien. En comparación con el resto de los espacios, el comedor parecía bastante amplio, quizá porque no estaba (6)_____, no había ni una mesa, ni una estantería, ni un armario, nada.

—Es un poco caro para lo pequeño que es, ¿no creéis? —les advirtió Elisa a las chicas—. En el precio, ¿están todos los (7)_____ incluidos? —añadió.

—Sí, está todo incluido, bueno, menos la (8)_____, que cuesta como dos meses de alquiler, y es verdad que no es barato, pero es que no hemos visto nada mejor y todos los alquileres están por las nubes; tendrías que haber estado en los otros pisos que hemos visitado. En este por lo menos no hay que hacer (9)_____ importantes; está para entrar a vivir.

Elisa se quedó pensativa. No fueron aquellas palabras, sino el tono en que las escuchó. Al fin y al cabo, eran las chicas las que iban a vivir allí y si el piso era demasiado pequeño, ya se darían cuenta.

Así fue como Gema inició el camino hacia su verdadera independencia, que llegaría algunos años después.

Veranear:	pasar las vacaciones de verano.
El baño era **de origen**:	era el mismo baño que se había construido originalmente, no lo habían reformado, sólo se habían hecho «pequeños arreglos».
Los alquileres **están por las nubes**:	son carísimos.

CAPÍTULO TERCERO

1 a 24 de marzo

◄5   Intentaré resumir este mes de marzo en que he estado tan enferma. Recuerdo que una tarde te quedaste mucho rato a mi lado en la clínica, sentado junto a la cama y con mi mano entre las tuyas. Sin embargo, al día siguiente, domingo, eché de menos una llamada tuya. El lunes siguiente, cuando me telefoneaste desde el trabajo, me dijiste que habías estado ocupado hasta muy tarde en tu segunda residencia. Supongo que me notaste tan decepcionada que aquella noche me llamaste por segunda vez.

A la mañana siguiente me sentí muy mal y ni siquiera tuve fuerzas para contestar a tu llamada. Fue mi madre quien se puso al teléfono, y a mi lado también estaba Gema. Un par de días más tarde me encontraba mejor, con ganas de hablar contigo.

—Elisa, no te extrañe que no haya venido a verte.

Tu voz sonaba lejana al otro lado del auricular.

—No, ya no me extraña nada.

—No es sólo por el hecho de ser como soy… Imagino lo que es sentirse tan mal, y seguro que tenías a toda la familia al lado…

Dejaste la frase en el aire, pero quedaba claro que no deseabas comprometerte. ¿Comprometerte en qué?, me pregunté.

No hiciste acto de presencia hasta el viernes. Muy a tu pesar, coincidiste con mi madre y con mi hija. Luego me dijiste que Gema te había parecido muy madura[1], quizá porque estuvisteis hablando de tu trabajo y sus estudios técnicos y os entendisteis bien.

Luego te quedaste a solas conmigo durante largo rato. Yo ofrecía un aspecto lastimoso, escuálida y pálida dentro de aquel camisón de hospital que me venía tan ancho. Cuando te pedí que me subieras hacia el cabecero de la cama, me tomaste por las axilas y me echaste hacia arriba como si pesara menos que la hoja de un árbol. En cambio, tú parecías un gigante.

Volviste el domingo al mediodía, preocupado porque tu madre, que vivía en una residencia, se mostraba doliente y deprimida. La habías traído contigo en coche, y en aquellos momentos paseaba ante la clínica en compañía de tus hijos. Mientras me imaginaba la escena, que me parecía absurda, oí que decías:

—Te he comprado un bonsái[2], pero no lo he traído porque aún no puedes cuidarlo. Lo digo para que no creas que no te he comprado nada, tú que siempre estás cavilando.

Cavilando, habías dicho. Sí, tal vez cavilaba demasiado. Y al viernes siguiente me diste la triste noticia. Tu madre había fallecido aquella madrugada. ¡Qué mal me supo no poder estar a tu lado!… El sábado, después del almuerzo, me telefoneaste. Te noté abatido. Estabas solo en casa, puesto que a tus hijos les tocaba pasar el fin de semana con su madre. A mí me costó entender que

---

[1] *Madura*: prudente, reflexiva, con experiencia.
[2] *Bonsái*: planta muy decorativa que no crece mucho por la técnica empleada al cuidarla.

no hubieran hecho una excepción y no se hubieran quedado a comer y dormir contigo. No comprendía tanta frialdad.

Al anochecer te llamé por teléfono. La tarde se te había hecho larga. Ni siquiera la televisión te distraía. Habías estado leyendo una revista técnica y haciendo crucigramas.

—Te necesitaba a mi lado, pero hasta el límite, hasta hacer el amor. No hubiera tenido bastante con cogerte la mano —dijiste.

Te comprendí sólo en parte. Lo que contaba era que no habías ido a verme pese a que te sentías solo, pese a que sabías que yo estaba enferma y apesadumbrada. Y aquella noche dormí mal, entre pesadillas.

Pasé el domingo ansiosa, con el presentimiento de que no lograría salir bien de mi enfermedad. Cuando viniste, ya tarde, me eché a llorar como una tonta, hablándote de mi estado de ánimo. Pero tú traías el bonsái para que lo viera, y eso me reconfortó. En la etiqueta ponía, *cilea glauca cónica*, aunque era un común pino-abeto muy verde y esbelto. Por lo demás, aún estabas muy afligido por la muerte de tu madre.

—Me gustaría ver una fotografía suya, ya que no he llegado a conocerla —te pedí.

Al despedirte me besaste las manos, y dos o tres veces los labios, dulcemente. Besaste la figura demacrada y sin vigor en que me había convertido.

Durante el siguiente fin de semana inauguraste con tus hijos la casa del pueblo. Yo ya había abandonado la clínica, y aquel domingo por la tarde, hacia las siete, cuando ya habías dejado a los chicos con su madre, me llevaste el bonsái a casa. Tras dejarlo en la terraza, salimos para ir en coche hasta la Avenida Gaudí, y antes de entrar en una granja[3] paseamos un rato, despacio. Luego, sentados a una mesa ante unos helados, comenté lo mal que lo había pasado y cómo había disfrutado con aquel reciente paseo, con el hecho de salir de nuevo a la calle.

—Reconozco que todo lo vivo con intensidad. Cuando sufro lo hago extremadamente, y cuando soy feliz, también.

—Sí, ya sé que cuando eres feliz lo eres totalmente —dijiste, socarrón[4].

—Y volveré a serlo —afirmé riendo.

Entonces tú, con las manos en la barriga, continuaste la broma:

—No te quiero echar nada en cara, pero mira cómo me estoy poniendo de gordo, con tanta abstinencia.

Allí, entre cantidad de gente, sólo podíamos cogernos las manos mientras nos frotábamos una pierna contra otra por debajo de la mesa.

---

[3] *Granja*: en este contexto, significa un bar donde sirven desayunos, meriendas...

[4] *Socarrón*: con ironía, con doble sentido, un poco con tono de burla.

30 de marzo y 1 de abril

◀6   A las seis de la tarde del sábado llamaste al timbre desde el portal. Yo ya tenía en mi pequeña bolsa de viaje el cepillo de dientes y otras minucias. Fuimos al cine y luego a cenar, de manera que ya comenzaba a sentirme la mujer de antes. Bueno, no plenamente.

—Hay una noticia desagradable —te advertí en el restaurante—. El médico ha dicho que todavía no puedo mantener relaciones sexuales.

—No salgo contigo precisamente y solamente para eso —creo que contestaste.

Alrededor de las doce llegamos a tu casa del pueblo. Para mí era como estrenarla de nuevo, y me gustó la decoración. Las cortinas, los sofás y las alfombras dotaban el ambiente de calidez. Comenzamos a besarnos, y entonces dijiste que los médicos siempre intentan complicarnos la vida.

—Tengo muchas ganas de que hagamos el amor. Con suavidad, pero plenamente.

También el dormitorio resultaba acogedor, con la colcha y los estores[5] de color azul, como el cielo o el mar. Hicimos el amor, yo con algo de miedo. O quizás no sea esa la palabra. Y aunque no fue como las otras veces, tú me aseguraste que habías sido muy feliz.

---

[5] *Estor*: es un tipo de cortina de una sola pieza, que se recoge de manera vertical.

Por primera vez pasamos la noche juntos en aquella cama, inmensa. Nos levantamos tarde, y mientras preparabas el café con leche salí a comprar una coca y otras pastas. En la pastelería todo el mundo me miraba como lo que era, una forastera. Más tarde hicimos un recorrido por el pueblo, compramos el periódico, nos dirigimos a comer tomando un atajo, y al llegar al restaurante me di cuenta de que estaba fatigada.

Cuando regresamos, desandando el camino, las nubes habían ensombrecido el sol, el aire era fresco y centenares de pájaros charlatanes invadían las ramas de los árboles. Al detenernos en los jardines del centro del pueblo, observamos que no había nadie excepto un hombre viejo quieto sentado en un banco, el cuerpo inclinado hacia delante. Nos sentamos algo apartados de él. El ramaje de los enormes árboles proyectaba su sombra y tornaba gris aquel parque descuidado, silencioso, las voces de los pájaros formando parte del propio silencio. Todo alrededor tenía un aliento romántico, decadente, y la tarde parecía encantada. Cuando nos fuimos, el anciano seguía inmóvil a lo lejos, encogido en aquel banco.

No se nos ocurrió acercarnos a él. Indiferentes, echamos a andar dejando atrás los arbustos y las matas sin flor, invernales todavía. Sin embargo, ahora me acuerdo de él. ¿Qué estará haciendo en estos momentos? Quizá se quedó petrificado en aquel parque, rumiando[6] sus penas. Porque, sin duda las tenía.

Al volver a tu casa, encendimos la chimenea antes de dedicarnos a leer el periódico, una parte cada uno, alternativamente.

---

[6] *Rumiando*: en sentido figurado, significa «pensando, reflexionando».

Alrededor de las siete tomamos té acompañado de las pastas que habían quedado del desayuno, arreglamos la cama y comenzamos a bajar todas las persianas. Ya en la puerta, comenté:

—Este fin de semana hemos hecho poco el amor.

—Bueno, la verdad es que no he querido insistir… —y riendo continuaste—: Ayer te engatusé y lo hicimos tal como ha de ser. Sí, ya sé que algunos sabihondos[7] dicen que hay otras maneras de pasarlo bien, pero como hacerlo al completo no hay nada.

Sentados en el coche, antes de ponerlo en marcha me abrazaste.

—Yo he quedado muy satisfecho, puedes estar segura.

Ya en Barcelona, estacionaste el automóvil frente a mi casa. Me llevaste la bolsa hasta el portal, saqué la llave de mi bolso, abrí, entré en el zaguán[8], me diste un par de besos inocentes y nos dijimos adiós.

---

[7] *Sabihondos*: personas que presumen de saber mucho, pero no saben nada.
[8] *Zaguán*: es el espacio cubierto que está dentro de una casa, a modo de entrada. Está al lado de la puerta de la calle.

A continuación aparece una pequeña selección de las actividades que pertenecen a los apartados *Así lo dice el texto*, *Así lo sugiere el texto*, *Más datos sobre la historia*, que encontrará en el soporte informático. Le recomendamos hacer todos los ejercicios variados que allí se proponen. También podrá contrastar sus respuestas en el solucionario.

1. **Las frases siguientes aparecen en el capítulo.** Cambiar las palabras subrayadas por otras sinónimas del recuadro, conjugando los verbos cuando sea necesario, como en el ejemplo.

sueños angustiosos	deprimido	~~pensar demasiado~~
extranjera	afligida	triste
cansada	sin energía	convencer
muerto	camino más corto	la intuición

a. Tú siempre <u>estás cavilando</u>.   *(estás pensando demasiado)*

b. Tu madre había <u>fallecido</u>.

c. Te noté <u>abatido</u>.

d. Sabías que yo estaba enferma y <u>apesadumbrada</u>.

e. Aquella noche dormí entre <u>pesadillas</u>.

f. Pasé el domingo ansiosa, con <u>el presentimiento</u> de que no lograría salir bien de mi enfermedad.

g. Besaste la figura demacrada y <u>sin vigor</u> en que me había convertido.

h. En la pastelería todo el mundo me miraba como lo que era, una <u>forastera</u>.

i. Nos dirigimos a comer tomando un <u>atajo</u>.

j. Al llegar al restaurante me di cuenta de que estaba <u>fatigada</u>.

k. Ayer te <u>engatusé</u> e hicimos el amor tal como debe ser.

2. Elegir entre las dos opciones la que tiene un significado parecido a la palabra o expresión que está en negrita, como en el ejemplo.

a. El domingo **eché de menos** una llamada tuya.

-noté la falta de   -me gustó recibir

b. A la mañana siguiente, **me sentí** muy mal.

-me encontré   -padecí

c. Fue mi madre quien **se puso al teléfono**.

-oyó el teléfono.   -respondió al teléfono.

d. Dejaste la frase **en el aire**.

-sin terminar.   -en voz baja.

e. No **hiciste acto de presencia** hasta el viernes.

-viniste   -me llamaste

f. Luego **te quedaste a solas conmigo** durante largo rato.

-me dejaste sola   -estuvimos los dos solos.

g. **A mí me costó entender** que (tus hijos) no hubieran hecho una excepción y no se hubieran quedado a comer y dormir contigo.

-Me resultó extraño entender   -Fue difícil para mí entender

h. Lo que contaba era que no habías ido a verme **pese a que** te sentías solo.

-aunque   -mientras

i. Traías el bonsái para que lo viera, y eso **me reconfortó**.

-me extrañó mucho.   -me ayudó a sentirme mejor.

j. Yo ya tenía en mi pequeña bolsa de viaje el cepillo de dientes y otras **minucias**.

-cosas pequeñas.   -cosas importantes.

k. **No te quiero echar nada en cara**, pero mira cómo me estoy poniendo de gordo, con tanta abstinencia.

-No quiero reprocharte nada   -No quiero enfadarme contigo

l. Al **detenernos en** los jardines del centro del pueblo, observamos que no había nadie excepto un hombre viejo sentado en un banco.

-pararnos en   -cruzar por

ll. El anciano seguía **inmóvil** a lo lejos.

-quieto   -sin hablar

m. Alrededor de las siete tomamos té acompañado de las pastas que **habían quedado** del desayuno.

-habían faltado   -habían sobrado

3. Preguntas de comprensión lectora.

1) Cuando Elisa estuvo enferma, ¿por qué Alberto no fue a visitarla todos los días?

2) ¿Qué le pasó a la madre de Alberto?

3) ¿Elisa conocía personalmente a la madre de Alberto?

4) ¿Qué le regaló Alberto a Elisa? ¿Cuándo y dónde se lo regaló?

5) ¿Dónde fue la pareja el fin de semana del 30 de marzo y 1 de abril?

6) ¿Dónde se despidieron aquel fin de semana del 1 de abril?

7) ¿Cree que la pareja va a romper su relación? Justifique su respuesta.

4. «Luego me dijiste que Gema te había parecido muy madura, quizá porque estuvisteis hablando de tu trabajo y de sus estudios técnicos y os entendisteis bien».

a) **MUNDO LABORAL.** ¿Qué significan estas palabras y expresiones del ámbito del trabajo? Relacionarlas con sus definiciones, como en el ejemplo.

1.	baja médica	a.	El conjunto de los trabajadores de una empresa.	
2.	sueldo o salario	b.	Este documento acredita que una persona está en una situación legal para poder vivir en un país distinto al propio.	
3.	contrato fijo	c.	Condiciones necesarias para acceder a un puesto laboral.	
4.	contrato eventual	d.	Asociación que agrupa a los empresarios.	
5.	trabajador autónomo	e.	Interrupción colectiva del trabajo para pedir mejores condiciones de trabajo o manifestar una protesta.	
6.	subsidio de desempleo	f.	Pacto o convenio escrito sobre las condiciones y funciones de un trabajo. Tiene una duración temporal.	
7.	pensión de jubilación	g.	Es la retribución (dinero) que la persona contratada recibe por el trabajo hecho para la empresa.	
8.	dietas	h.	Documento que emite el médico para acreditar ante la empresa que el trabajador está enfermo.	
9.	permiso de residencia	i.	Ejemplo: director, subdirector, encargado, coordinador, responsable de departamento…	
10.	cargo	j.	Es aquella persona que trabaja por cuenta propia, no tiene jefe.	
11.	sindicato	k.	Dinero que da la empresa al trabajador para los gastos extra que pueda tener: comidas, transporte… Normalmente está estipulado en el contrato laboral.	
12.	patronal	l.	Es el horario de trabajo: puede ser horario intensivo, partido (por la mañana y por la tarde), a horas convenidas, horario reducido…	

13.	huelga	ll.	Pacto o convenio escrito sobre las condiciones y funciones de un trabajo. Es un tipo de contrato que ofrece estabilidad laboral.	
14.	plantilla	m.	Cantidad de dinero que la Seguridad Social paga al trabajador que se encuentra en paro.	
15.	horas extra	n.	Asociación para la defensa de los derechos de los trabajadores (UGT, CC. OO., USO…)	
16.	requisitos	ñ.	Cantidad de dinero periódica que se asigna desde las instituciones de la Seguridad Social a las personas jubiladas.	
17.	jornada laboral	o.	Son las horas que se trabajan fuera del horario habitual de trabajo.	

b) **MUNDO LABORAL.** Completar las frases seleccionando la palabra adecuada del ejercicio anterior, como en el ejemplo.

1. Antonio no tiene trabajo, está en paro desde hace dos meses. Está cobrando el _subsidio de desempleo_ .

2. Actualmente muchos jóvenes se quejan de que hay precariedad laboral, es decir, malas condiciones de trabajo. Explican que muchos de los contratos que les hacen las empresas son _____, y se quejan además de que los _____ son bastante bajos; por ejemplo, hay jóvenes que tienen muchos estudios, trabajan muchas horas en una empresa y sólo ganan unos mil euros al mes, son los *mileuristas**.

3. El último candidato cumple todos los _____ para obtener el puesto de trabajo.

4. El próximo viernes no circularán los taxis por la ciudad porque los taxistas harán una _____ para protestar contra la situación de inseguridad en la que trabajan.

5. Podrías ganar más dinero trabajando unas _____.

6. El médico me ha dado la _____ porque tengo la gripe.

| mileurista: | palabra de nueva creación para denominar a aquellos jóvenes que, aunque tienen muchos estudios y trabajan muchas horas en una empresa, cobran unos mil euros al mes. |

5. El texto siguiente plantea la dificultad para denominar actualmente algunos puestos de trabajo. Leerlo y completarlo con las palabras del recuadro en el lugar adecuado.

Funciones	Organigrama de la empresa	Ofertas de empleo
Estrategia de empresa	Multinacionales	Cargos

En ocasiones nos resulta difícil nombrar algunos puestos de trabajo. Sólo hay que mirar las (1)_____ que aparecen en los periódicos para darse cuenta de que los nombres de los oficios y profesiones han cambiado, y mucho. Además de los nombres ingleses como *brand manager*, *controller* o *webmaster*, a los que ya estamos acostumbrados, ahora aparecen otros nuevos. Por ejemplo, una secretaria puede denominarse un *enlace ejecutivo;* un basurero puede ser un *técnico de medio ambiente;* y un responsable de recursos humanos se puede llamar *analista de intangibles* en algunas empresas.

Aunque puede tratarse sólo de una moda, lo cierto es que en la actualidad el tradicional (2)_____ se ha convertido en un laberinto difícil de comprender. ¿Qué motivos pueden tener las empresas para cambiar las palabras tradicionales? Algunos opinan que el uso de palabras inglesas implica entenderse mejor internacionalmente.

Es verdad que muchas de esas palabras nuevas están tomadas de la cultura norteamericana. Las (3)_____, especialmente del sector del consumo, han impuesto su poder en el sector empresarial. No es extraño, por tanto, que algunos (4)_____ no tengan una traducción al español.

Por otro lado, están apareciendo nuevos tipos de trabajos con nuevas (5)_____ para adecuarse al desarrollo de la sociedad. Se trata de algo nuevo, y en términos lingüísticos, serían neologismos.

Sin embargo, hay otras palabras que se prefieren en inglés incluso cuando existe un equivalente en español, por ejemplo *marketing*, en lugar de *mercadotecnia*.

No cabe duda de que en toda esta tendencia existen también ciertas ganas de sentirse importante. Las pequeñas y medianas empresas, las *pymes*, copian a las grandes empresas para sentirse más importantes.

Otras veces esos cambios de denominación pueden deberse a una (6)_____: motivar al empleado, dar una imagen de importancia, transmitir seguridad…

Aunque algunas empresas consideran que el nombre del puesto de trabajo tiene un poder de seducción fundamental, también es verdad que hay otras que no le dan ninguna importancia.

Pymes:	pequeñas y medianas empresas.

CAPÍTULO CUARTO

7 y 8 de abril

◀7   Después de tantas semanas sin ir, aquel sábado volvimos al Palau de la Música. A las seis de la tarde nos encontramos en la boca del metro, como otras veces, y como de costumbre nos encaminamos hacia el bar. Nuestros amigos, Gloria y Pedro, todavía no habían llegado. Tú me mirabas y remirabas.

—¿Sabes que has cambiado desde la semana pasada? Estás muy guapa.

—Sí, me encuentro mucho mejor —reconocí, aunque sin alegría.

—¿Qué te ocurre?

—Gema se va hoy, ya no dormirá en casa.

Me tomaste una mano entre las tuyas, y con una media sonrisa dijiste:

—Lástima que sea precisamente este fin de semana, cuando he de estar con mis hijos…

Nunca me los habías presentado, quizás ellos ni siquiera sabían de mi existencia. Y pensé que daba igual que me encontraras guapa o no. Pensé que eso valía muy poco.

En aquel momento se nos acercaron Gloria y Pedro, intercambiamos besos en el aire y entramos en la sala de conciertos. El programa era estimulante. Primero Debussy, después dos románticas piezas de Mendelsson y un bis del pianista aún más romántico. En la segunda parte había dos obras de Ottorino Respighi, divertidas y alocadas. Tú lo pasaste en grande, sobre todo con las «Fiestas Romanas».

—Este «otorrino[1]» ha estado genial. Entiende del oído —bromeaste.

A la salida nos despedimos de nuestros amigos cerca del metro. Nosotros bajamos las escaleras, introdujimos nuestras respectivas tarjetas en las máquinas canceladoras y cuando llegó mi tren nos dijimos adiós, hasta el día siguiente.

El domingo por la tarde fuimos a ver una película dramática que te resultó difícil de soportar. En cambio a mí, pese a mi estado de ánimo melancólico por la ausencia de Gema, me pareció reconfortante el ambiente familiar que rodeaba al protagonista, afectado de parálisis cerebral.

En aquella ocasión era yo la que llevaba un paquete incógnita. Cumplías años y te había comprado un regalo que pensaba darte en cuanto nos sentáramos en una cafetería. Rasgaste el papel que envolvía la caja y de su interior sacaste un jarrón de Sagardelos, cerámica gallega, en forma de pájaro. «Paxaroforme», decía la etiqueta, y parecía adecuado para tu casa del campo, en colores azul y blanco.

---

[1] *Otorrino*: médico especialista en el oído y las vías respiratorias.

Pedimos unas tapas y unas cervezas, y mientras picábamos te mostré una hoja de periódico en la que se hablaba del poeta español Jaime Gil de Biedma. Se reproducían unos versos suyos que yo consideraba hermosos y terribles a la vez.

«Vergonzosas noches de amor sin deseo
y de deseo sin amor
que ni en seis siglos de dormir a solas
las pagaríamos.»

También a ti te gustaron, aunque no estoy segura de que les dieras idéntica interpretación que yo. Y aún llevaba otro poema en el bolso. Aquella primera noche que había pasado en solitario, con mi hija instalada ya en su propio domicilio, había necesitado leer. Ahora era la rima del poeta norteamericano Walt Whitman la que tenía en mis manos.

—Esta poesía no tiene nada que ver con la otra. Whitman piensa en aquellos que lo leerán un siglo más tarde, o aún más allá…

—A ver —dijiste, cogiendo el papel de mis manos. Y comenzaste a leer en voz alta:

«A ti, de aquí a un siglo o de muchos más,
a ti, que no has nacido, te busco.
Me estás leyendo. Ahora el invisible soy yo,
ahora eres tú, compacto, visible,
quien intuye los versos y me busca…»

Tú, Alberto, que estabas leyendo en aquel momento; yo, Elisa, que estaba escuchando a tu lado; un siglo más tarde, tal como Whitman decía, y como si hubiera estado con nosotros. El poeta proseguía:

«Sé feliz como si yo estuviera contigo.»

Yo deseaba ser feliz, pero tal vez era demasiado exigente. O tú demasiado glacial[2]. Sin más, comenzaste a hablar de los árboles que plantarías en tu segunda residencia, de las jardineras que pondrías en la terraza, del nuevo automóvil que querías comprarte.

Cuando salimos de la cafetería eran casi las once. Hacía una noche cálida de primavera, y la luna enorme, casi llena, nos miraba suspendida en el firmamento, circundada por una resplandeciente aureola. Me dije, insegura, que debería sentirme dichosa[3]…

Alberto, aquí pongo punto y final a este diario. No me apetece seguir escribiendo. Sin embargo, la vida sigue, aunque no eternamente.

---

[2] *Glacial*: helado, frío, sin mostrar sentimientos.
[3] *Dichosa*: feliz, contenta.

◀8   Así, con fecha de un 7 de abril, Elisa concluyó su escrito. A los pocos días, el desencanto[4] y el desasosiego[5] habían crecido tanto en su interior que optó por romper la relación con Alberto.

Él no lo entendió. Sin embargo, insistió una sola vez. Habían transcurrido dos semanas desde la ruptura cuando la llamó por teléfono.

—Tenemos un viaje pendiente, ¿recuerdas? Para las vacaciones… He estado mirando hoteles en Galicia… Ya tengo el coche nuevo, que es más grande y más cómodo.

Pero Elisa dijo que no. Más tarde se arrepentiría, más tarde se diría que había hecho bien, y así durante un cierto tiempo.

En agosto salió de viaje con Gloria y Pedro, hacia Sicilia. Ellos habían dejado de verse con Alberto, al que habían conocido por mediación de Elisa. En Italia también visitaron la isla de Estromboli, donde tuvieron la suerte de poder contemplar el volcán en erupción, con sus llamaradas rasgando la noche. Elisa se sintió tan pequeña ante el ímpetu de la naturaleza que se propuso minimizar sus insatisfacciones.

Tumbada en la cubierta de la embarcación[6] que les llevaba de regreso a Messina, sintiendo el oleaje denso y tenebroso chocando contra la quilla, se propuso arrancar de su mente, y para siempre, cualquier recuerdo de Alberto.

---

[4] *Desencanto*: la desilusión, la falta de alegría.
[5] *Desasosiego*: la intranquilidad.
[6] *Embarcación*: barco.

Unos meses atrás ya se había desprendido del único recuerdo material que conservaba de él. En este momento se veía a sí misma envolviendo con papeles y cuidadosamente el juego de té que Alberto le había regalado, metiéndolo en una bolsa y caminando hacia unos jardines cercanos. Se había sentado en un banco bajo una acacia[7], mirando a su alrededor sin buscar nada en concreto. Quizá sería aquella mujer que al parecer se ocupaba de su nieto, un niño que correteaba montado en un triciclo; quizá aquella pareja que se besaba, se acariciaba y se reía; o quizá aquel muchacho alzaría la cabeza del libro y se daría cuenta… Sacó el envoltorio de la bolsa, lo dejó en el banco antes de ponerse en pie y echó a andar. Alguien lo encontraría y podría tomar el té en aquellas tazas tan delicadas, aquellas que habrían llegado a su poder sin saber cómo ni por qué.

Sin embargo, el objeto más importante del que se había desprendido Elisa había sido aquel singular diario. Cuando le dijo a Alberto que tenían que dejar de verse, no lo hizo con las manos vacías. Le entregó lo que había escrito en aquel cuaderno de páginas de colores que él le había comprado una tarde de invierno de unos meses atrás. No obstante, cuando recibió su llamada proponiéndole unas vacaciones en Galicia, Alberto no mencionó el diario en absoluto.

Ahora Elisa se preguntaba, en mitad de la noche y sintiendo aquel agitado mar que balanceaba el barco, si había sido lógico esperar respuesta de una roca[8].

---

[7] *Acacia*: tipo de árbol que da bastante sombra.
[8] *Roca*: piedra muy dura.

A continuación aparece una pequeña selección de las actividades que pertenecen a los apartados *Así lo dice el texto, Así lo sugiere el texto, Más datos sobre la historia,* que encontrará en el soporte informático. Le recomendamos hacer todos los ejercicios variados que allí se proponen. También podrá contrastar sus respuestas en el solucionario.

1. Estas palabras aparecen en el texto del capítulo.
Relacionarlas con sus definiciones, como en el ejemplo.

1.	Máquinas canceladoras	a.	Círculo luminoso. En el texto, es el resplandor de luz alrededor de la luna.
2.	Rasgar	b.	Se utiliza para introducir una idea opuesta. Tiene un valor similar a «sin embargo».
3.	Aureola	c.	Este verbo significa «mover de un lado a otro». En el texto, las olas mueven de un lado a otro el barco.
4.	Circundar	d.	Es la pieza de madera o hierro que forma la parte inferior del barco y sobre la que se sostiene.
5.	Cubierta del barco	e.	Puede significar «especial», «extraordinario», «raro», «único».
6.	Oleaje	f.	Rodear, ir alrededor.
7.	Quilla del barco	g.	En ellas se validan los billetes de viaje.
8.	Alzar	h.	Romper papel o tela con las manos, sin ningún otro instrumento.
9.	Singular	i.	Este verbo significa «levantar» o «mover hacia arriba».
10.	No obstante	j.	Una ola, y otra, y otra…
11.	Balancear	k.	Es cada uno de los pisos de un barco, se dice especialmente del último de los pisos.

2. Según el texto del capítulo, ¿cuál es la opción adecuada entre las que se ofrecen?

a. ¿Por qué Elisa decidió terminar la relación con Alberto?

1. Porque aquella relación le aburría.
2. Porque no era feliz con él.
3. Porque le gustaba estar sola.

b. ¿Qué hizo Alberto para recuperar la relación?

1. No hizo nada.
2. Llamó por teléfono a Elisa una vez.
3. Se compró un coche nuevo y fue a visitar a Elisa.

c. ¿De qué regalos de Alberto se desprendió Elisa cuando rompió la relación con él?

1. Del cuaderno en que le había escrito el diario y de las tazas que él le había regalado para su cumpleaños.
2. Del diario que le había escrito y de un jarrón hecho de cerámica gallega.

3. Contestar estas preguntas según la opinión propia.

a. ¿Cómo es una roca? ¿Por qué se compara a Alberto con una roca al final de la historia? ¿Está de acuerdo con esta comparación?

b. ¿Por qué cree que Elisa escribió el diario?

c. Elisa comenzó su relato con esta frase: «Este es un diario de hechos, no de sentimientos». ¿Está de acuerdo?

d. ¿Cree que el título resume la idea principal de la novela? ¿Por qué?

4. ¿Qué significan estas expresiones que aparecen en el capítulo? Elegir la opción adecuada.

a. «A las seis de la tarde nos encontramos **en la boca del metro**»

1. en la entrada o salida del metro que da a la calle.
2. donde se validan los billetes de metro.

b. «Y pensé que daba igual que me encontraras guapa o no. Pensé que eso **valía muy poco**».

1. era poco necesario.
2. era poco importante.

c. «En la segunda parte había dos obras de Respighi. Tú **lo pasaste en grande**, sobre todo con las Fiestas Romanas».

1. te aburriste mucho.
2. te divertiste mucho.

d. «Alberto, **aquí pongo punto y final a este diario**».

1. termino definitivamente el diario.
2. no quiero hablar más de este diario.

5. Buscar una palabra de significado opuesto a la que aparece en negrita, como en el ejemplo.

a. Me encuentro **mejor**.   _peor_

b. El programa era **estimulante**.   _____

c. En la segunda parte había dos obras de Ottorino Respighi, **divertidas** y **alocadas**.   _____ y _____

d. Hacía una noche **cálida**.   _____

e. El regalo parecía **adecuado**.   _____

f. El coche es muy **cómodo**. _____

g. Aquel **singular** diario. _____

h. Las manos **vacías**. _____

i. El mar estaba **agitado**. _____

6. **Elisa y Alberto solían quedar en la <u>boca del metro</u>, es decir, en la entrada o salida del metro que da a la calle. _Boca de metro_ es un tipo de palabra compuesta.** Formar otras palabras compuestas con los elementos de las dos columnas, como en el ejemplo, y completar a continuación los huecos de las frases.

1.	boca		a.	de coser
2.	cuarto		b.	oyente
3.	máquina		c.	manchas
4.	mesita		d.	de metro
5.	radio		e.	cesto
6.	rompe		f.	de noche
7.	quita		g.	de baño
8.	café		h.	calle
9.	balón		i.	cabezas
10.	boca		j.	con leche

a. Elisa y Alberto solían quedar en una _boca de metro_ de una parada muy céntrica de la ciudad.

b. Camarero, por favor, un _____.

c. En el _____ hay una bañera, un lavabo, un armario pequeño y un taburete.

d. Me gusta jugar al _____, es mi deporte preferido.

e. Un _____ no es exactamente un puzzle, pero se parece mucho.

f. Mucha gente no tiene _____ y por eso tiene que llevar la ropa a arreglar a una tienda o a una modista.

g. Buenas tardes queridos _____. Hoy, en Radio RRC tenemos el placer de entrevistar a un famoso cantante que seguro que todos ustedes conocerán enseguida. Escuchemos una de sus canciones más famosas, no necesita más presentación.

h. Se me ha caído un poco de vino tinto en los pantalones, ¿tienes algún producto para limpiarlo? ¿Tienes algún _____?

i. La parada de autobús más próxima está justo en aquella _____, donde empieza la siguiente calle.

j. Sobre la _____ hay un despertador.

7. VIAJAR EN LAS VACACIONES DE VERANO

Elisa se fue a Italia durante sus vacaciones de agosto. No sabemos qué hizo Alberto. Leer este texto que trata sobre los viajes en las vacaciones de verano y completarlo con las expresiones en negrita que se ofrecen en el recuadro.

Hacer un crucero:	viajar en un barco grande con muchas comodidades, haciendo escala en diferentes puertos marítimos.
Viajar **al extranjero:**	viajar a otros países.
Hacer el agosto:	obtener muchos beneficios económicos.
Cambiar de aires:	salir de la rutina habitual, instalarse en otro lugar durante un tiempo.
Turismo rural:	vacaciones en un pueblo pequeño rodeado de naturaleza.
Temporada alta:	periodo del año en el que más personas van de vacaciones, y cuando los precios de los hoteles y los viajes son más caros.

Los meses de julio y agosto están considerados como (1)_____ para el sector turístico. Durante esta época todo es más caro y las agencias de viajes, los hoteles, los *campings*, las casas de (2)_____ y las compañías de transportes (3)_____, es decir, doblan o triplican sus beneficios.

Esto es porque cuando llegan las vacaciones de verano muchas personas optan por viajar, bien sea por el propio país, bien sea (4)_____ Son muchos los que piensan que (5)_____ ayuda a desconectar de la vida laboral o de la rutina del lugar de residencia habitual, algo que en general se valora mucho en vacaciones.

Algunos jóvenes aprovechan sus vacaciones para ir a otros países y aprender o mejorar idiomas, y para enriquecerse en contacto con otras culturas o compartir con otros jóvenes sus aficiones. Entre algunas personas de mediana edad y también personas jubiladas ahora parece estar de moda (6)_____ con escalas por diferentes puertos marítimos. Son viajes para descansar, para desconectar del trabajo, para conocer otras culturas, lugares y personas, para hacer fotos, para aprender… Son viajes de vacaciones de verano, no esos otros obligados por la necesidad económica o por cuestiones familiares.

A pesar de esta tendencia a desplazarse en vacaciones hay otras personas que deciden quedarse en casa haciendo lo que más les apetece y sin horarios laborales. Sin duda, otra buena opción.

CAPÍTULO PRIMERO

1

1. ▸ i	5. ▸ j	9. ▸ e
2. ▸ d	6. ▸ k	10. ▸ b
3. ▸ c	7. ▸ l	11. ▸ f
4. ▸ g	8. ▸ a	12. ▸ h

2

1. ▸ Porque cuando empezó a escribirlo, los hechos ya habían pasado hacía tiempo.
2. ▸ Para Alberto. Todavía no sabemos por qué.
3. ▸ No, la narradora pone en manos del lector el diario de Elisa.
4. ▸ Respuesta libre.
5. ▸ Empezó a escribirlo un día del mes de abril, pero explica lo que ocurrió a partir del 3 de febrero.
6. ▸ Porque eran tan lisos como una fotografía.
7. ▸ En una tienda de todo tipo de objetos de decoración.
8. ▸ Las páginas son de colores vivos y variados.
9. ▸ A Elisa le gustan los objetos antiguos, a Alberto no; Alberto piensa que la homosexualidad es como una enfermedad, Elisa piensa que es otro tipo de sexualidad; Alberto se prepara las infusiones en el microondas, Elisa hierve el agua en el fuego.
10. ▸ El día 3 fueron a una sala de exposiciones de pinturas, pasearon por la Rambla, cenaron en un restaurante y se fueron al piso de Alberto. A la mañana siguiente fueron a un pequeño pueblo donde Alberto tenía una segunda residencia, almorzaron en un restaurante y pasaron la tarde en casa de Alberto. Después cada uno se fue a su casa.
11. ▸ El sonido de los instrumentos de percusión: tambor y platillos.
12. ▸ El 12 de febrero.

13. ▸ Porque Alberto había quedado con sus hijos para cenar (Alberto está separado).

14. ▸ Respuesta libre.

3

a. ▸ se echaron a reír
b. ▸ se metieron
c. ▸ sabor a rancio
d. ▸ callejón
e. ▸ charlaron a placer
f. ▸ la tachaba de maniática
g. ▸ dispares
h. ▸ apresuradamente

4

1. ▸ te habías metido
2. ▸ colocados / puestos
3. ▸ ponte
4. ▸ poner
5. ▸ introducir/meter
6. ▸ se meta
7. ▸ ponerse

5

a.
1. ▸ un baúl
2. ▸ un cenicero
3. ▸ un perchero / un colgador
4. ▸ un jarrón
5. ▸ unos discos
6. ▸ una pipa
7. ▸ un (mueble) zapatero
8. ▸ un tapiz
9. ▸ un taburete

b.
1. ▸ contiene
2. ▸ expresarle, transmitirle, escribirle
3. ▸ han mantenido
4. ▸ colgaba
5. ▸ llevaba, lucía
6. ▸ dista
7. ▸ pensó
8. ▸ obtuvo
9. ▸ brillaban
10. ▸ conlleva

6

1. ▸ circo
2. ▸ fuegos artificiales
3. ▸ entradas
4. ▸ acomodador
5. ▸ butacas
6. ▸ fila
7. ▸ espectadores
8. ▸ obra
9. ▸ focos
10. ▸ escenario
11. ▸ decorado

CAPÍTULO SEGUNDO

1 **Fin de semana del 17 y 18 de febrero:**

a. ▶ V

b. ▶ V

c. ▶ F (en realidad era bastante famoso)

d. ▶ F (el propietario es el ex marido de Cintia)

e. ▶ V

f. ▶ F (Alberto llevó a Elisa a unas cavas fuera de la ciudad)

g. ▶ V

h. ▶ F (Elisa no tiene coche)

i. ▶ V

j. ▶ F (lo propuso Alberto)

k. ▶ V.

Fin de semana del 24 y 25 de febrero:

a. ▶ Quizá porque pronto su hija se iría a vivir a un piso de estudiantes y no le gustaba la idea de quedarse sola en casa, o quizá porque le dolía el estómago.

b. ▶ Porque Alberto había quedado con sus hijos.

c. ▶ En casa de Elisa.

d. ▶ Louise, una amiga francesa.

e. ▶ Sí.

f. ▶ Seguramente no iría. Él dijo que no le iba bien porque tendría que madrugar para ir a la fábrica, pero Elisa se dio cuenta de que él no quería quedar con ella entre semana, y que tampoco deseaba conocer a sus amigos.

g. ▶ Conoció a Gema por casualidad.

2 **a)** 1. ▶ ahorrar

2. ▶ abrir una cuenta

3. ▶ cobrar

4. ▶ sacar dinero

b)
1. ▸ cajas de ahorros
2. ▸ hipoteca
3. ▸ en metálico
4. ▸ tarjetas de crédito
5. ▸ dinero negro
6. ▸ Hacienda
7. ▸ ingresar
8. ▸ ahorrar
9. ▸ beneficio
10. ▸ Bolsa

3
1. ▸ carrera
2. ▸ protección oficial
3. ▸ agencia inmobiliaria
4. ▸ de segunda mano
5. ▸ céntrico
6. ▸ amueblado
7. ▸ gastos
8. ▸ fianza
9. ▸ reformas

CAPÍTULO TERCERO

1
a. ▸ estás pensando demasiado
b. ▸ muerto
c. ▸ deprimido
d. ▸ afligida, triste
e. ▸ sueños angustiosos
f. ▸ la intuición
g. ▸ sin energía
h. ▸ extranjera
i. ▸ camino más corto
j. ▸ cansada
k. ▸ convencí
l. ▸ triste

2
a. ▸ noté la falta de
b. ▸ me encontré
c. ▸ respondió al teléfono
d. ▸ sin terminar
e. ▸ viniste
f. ▸ estuvimos los dos solos
g. ▸ Fue difícil para mí entender
h. ▸ aunque
i. ▸ me ayudó a sentirme mejor
j. ▸ cosas pequeñas
k. ▸ no quiero reprocharte nada
l. ▸ pararnos en
ll. ▸ quieto
m. ▸ habían sobrado

3
1. ▸ Porque no quería encontrarse con la familia de Elisa y porque su madre estaba muy enferma.

2. ▸ Se murió.

3. ▸ No la había visto nunca.

4. ▸ Un bonsái. Se lo regaló un domingo por la tarde, cuando Elisa ya había salido de la clínica. Se lo llevó a casa de Elisa.

5. ▸ La pareja fue al cine, a cenar y al pueblo donde Alberto tenía su segunda residencia.

6. ▸ En el zaguán de la casa de Elisa.

7. ▸ Respuesta libre.

4 **a)**

1. ▸ h	7. ▸ ñ	13. ▸ e
2. ▸ g	8. ▸ k	14. ▸ a
3. ▸ ll	9. ▸ b	15. ▸ o
4. ▸ f	10. ▸ i	16. ▸ c
5. ▸ j	11. ▸ n	17. ▸ l
6. ▸ m	12. ▸ d	

b)
1. ▸ subsidio de desempleo
2. ▸ contratos eventuales-temporales / sueldos
3. ▸ requisitos
4. ▸ huelga
5. ▸ horas extra
6. ▸ baja médica

5
1. ▸ ofertas de empleo
2. ▸ organigrama de la empresa
3. ▸ multinacionales
4. ▸ cargos
5. ▸ funciones
6. ▸ estrategia de empresa

CAPÍTULO CUARTO

1
1. ▶ g	5. ▶ k	9. ▶ e
2. ▶ h	6. ▶ j	10. ▶ b
3. ▶ a	7. ▶ d	11. ▶ c
4. ▶ f	8. ▶ i	

2
a. ▶ 2
b. ▶ 2
c. ▶ 1

3 Respuestas libres, por ejemplo: a. Se compara a Alberto con una roca porque las rocas no pueden contestar, ni moverse…

4
a. ▶ 1
b. ▶ 2
c. ▶ 2
d. ▶ 1

5 **Algunas opciones:**

a. ▶ peor
b. ▶ aburrido, pesado…
c. ▶ aburridas y serias
d. ▶ fresca
e. ▶ inadecuado, poco apropiado

f. ▶ incómodo
g. ▶ común, típico…
h. ▶ llenas
i. ▶ tranquilo, sosegado

6
1. ▶ d	6. ▶ i
2. ▶ g	7. ▶ c
3. ▶ a	8. ▶ j
4. ▶ f	9. ▶ e
5. ▶ b	10. ▶ h

a. ▶ boca de metro

b. ▶ café con leche

c. ▶ cuarto de baño

d. ▶ baloncesto

e. ▶ rompecabezas

f. ▶ máquina de coser

g. ▶ radioyentes

h. ▶ quitamanchas

i. ▶ bocacalle

j. ▶ mesita de noche

7

1. ▶ temporada alta

2. ▶ turismo rural

3. ▶ hacen el agosto

4. ▶ al extranjero

5. ▶ cambiar de aires

6. ▶ hacer un crucero

colección lector.es
LECTURAS GRADUADAS

La suegra de Julia (B1)

Incomprensión (B2)

El juego de té (A2)